Yéble Martine-Blanche Poupin

Petit Traité thématique sur 265 Adages Adjoukrou

Yéble Martine-Blanche Poupin

Petit Traité thématique sur 265 Adages Adjoukrou

Éditions Muse

Cover image: www.ingimage.com

Publisher:
Éditions Muse
is a trademark of
International Book Market Service Ltd., member of OmniScriptum Publishing Group
17 Meldrum Street, Beau Bassin 71504, Mauritius

Printed at: see last page
ISBN: 978-620-2-29514-7

Petit Traité thématique sur 265 Adages, Dictions, Proverbes, Charades, Piège et Croyances Ôdjoukrou(Adjoukrou)

Yéble Martine-Blanche OGA-POUPIN

Toute mon affection va vers
- mon époux, Roland POUPIN,

vers mes enfants : Sergine, Floriane, Dante et Mélissande
Sans oublier Séraphin, Denise, Edith, Crépin, Eliane et Isaac
avec mes petis-fils Simon, Raphaël et Désiré, Roland et David dit Jean-Jacques

A mon père, AGBAYA Oga Jean,
A ma mère, BODJI Badjo Louise,
A mon grand-père DOGNE Bodji,
A ma grand-mère maternelle SACCRA Yanne Virginie,
A la grande sœur de ma grand-mère maternelle, SACCRA Yéï,
A ma famille maternelle (les descendants de la Matriarche MBOYA Kôck),

Vous m'avez appris cette très belle langue, le Môdjoukrou.

Je vous dédie ce petit traité.

Mes pensées vont à :

AGNEROH Lohouess Ezéchiel, Catéchiste de l'Église Protestante Méthodiste de KPASS,

AGNIMEL Yede faustin dit Dé faustin, Prédicateur laïc de l'Église Protestante Méthodiste de KPASS.

Auprès de vous, j'ai appris à lire la Bible en langue Môdjoukrou

Mes remerciements à :

mon beau-frère NIAGNE Agnimel Abraham qui a contribué la rédaction de ce traité en me rappelant certains dictons Ôdjoukrou que j'avais oublié.

YEDE Agroh Samuel, fils de AGNIMEL YEDE Faustin qui depuis la Tunisie, m'a rappelé des adages en liens avec les adages Ôdjoukrou.

PRÉFACE

Tous les peuples du monde ont des croyances singulières mais aussi, ils possèdent plusieurs tournures stylistiques pour codifier leur langage afin de le rendre accessible à un groupe restreint. C'est le cas des peuples négro-africains en général et plus particulièrement du peuple Ôdjoukrou (Adjoukrou), peuple lagunaire situé sur la basse côte atlantique, dans la région de Dabou, au sud de la Côte d'Ivoire. Rappelons que la langue de communication du peuple Ôdjoukou (Adjoukrou) est le Môdjoukrou. Et comme toutes les langues du monde, la langue Môdjoukrou regorge d'une diversité de tournures stylistiques et d'expressions.

Seulement voilà, cet énorme patrimoine linguistique du Môdjoukrou est menacé de disparition à la manière de tous les patrimoines linguistiques négro-africains pour deux raisons :

- d'une part, la richesse linguistique du Môdjoukrou est menacée de disparition parce que comme toutes les autres langues négro-africaines, elle n'a pour unique instrument de communication que l'Oralité.
- D'autre part, la richesse linguistique du Môdjoukrou est menacée de disparition parce que comme les autres langues négro-africaines, elle n'a pour seul support de conservation que la Mémoire humaine.

Or, l'Oralité et la Mémoire posent deux problèmes : d'une part, celui des locuteurs et d'autre part, celui de la transmission.

- Au registre des locuteurs, il est triste de remarquer qu'à leur mort, les praticiens des langues négro-africains emportent avec eux, la connaissance qu'ils ont acquise de l'apprentissage et de la pratique de leur langue dans leur tombe. De surcroît, avec l'expansion de l'école, il se trouve que que de moins en moins de jeunes négro-africains connaissent leurs langues régionales et locales. En général, ils s'expriment dans les langues coloniales (anglais, arabe, espagnol, français, portugais, néerlandais...) qu'ils apprennent à l'école.
- Au titre de la transmission, les initiatives en faveur des jeunes générations sont rares. Les écoles initiant des cours d'apprentissage des langues négro-africaines sont rares, voire inexistantes. Toute chose qui limite les chances de survie des langues négro-africaines.

On l'aura compris, à la mort d'un ancien, c'est une chance de longévité d'une langue négro-africaine qui disparaît. C'est d'ailleurs pourquoi l'on dit qu'en Afrique, quand un vieux meurt, c'est une bibliothèque qui brûle. Dans ce petit traité, nous avons choisi de publier 215 expressions de la langue Môdjoukrou, lesquelles renvoient à des adages, des dictions, charades, piège et proverbes. L'intérêt de notre ouvrage repose deux motivations :

- faire connaître les richesses du Môdjoukrou au reste du monde.
- Faire échapper à ce patrimoine linguistique exceptionnelle qu'est le Môdjoukrou, la menace de disparition qui pèse sur elles, à la manière de toutes les autres langues négro-africaines.

Disons que le travail n'a pas été facile car il fallait, suivre trois étapes :

- d'abord, se souvenir de ces expressions,
- ensuite pouvoir les traduire fidèlement,
- et puis, fournir leur sens exact,
- enfin, les ranger par thème.

Ce fut donc laborieux. Mais à la fin, le défi d'immortaliser une partie du patrimoine linguistique Ôdjoukrou a été relevé, même partiellement. Partiellement parce que le répertoire linguistique Ôdjoukrou est très dense. Il faut des décennies de travail, avec le concours de plusieurs personnes pour pouvoir identifier de manière exhaustive, toutes les expressions significatives de cette belle langue, le Môdjoukrou.
Dans l'espoir que d'autres personnes se lèveront à notre suite pour poursuivre cette tâche que nous avons commencé.

En attendant, bonne lecture à tous !

Yéble Martine-Blanche OGA-POUPIN

INTRODUCTION

En plein processus de mondialisation fait de foisonnement et de brassage de civilisations et culture, faire l'économie de certains patrimoines culturelles et linguistiques n'est que suicidaire, les langues étant le support de toutes les civilisations. Pour contribuer à cette mondialisation des civilisations et culture, nous avons pensé aux civilisations Ȏdjoukrou(Adjoukrou), à ses croyances, à sa langue, la langue Môdjoukrou, une langue parmi les nombreuses langues négro-africaines. Et, comme toutes les autres langues d'Afrique noire, la langue Môdjoukrou repose sur la tradition orale. Et comme partout en Afrique noire, l'oralité joue un rôle double :

- celui d'un moyen de communication entre les humains dans la société ;
- celui d'un support de conservation et de transmission de la mémoire collective.

En tant que moyen de communication au sein de la société humaine, l'oralité facilite la mise en relation entre les individus. Elle vivifie le quotidien sociale de la campagne à la ville, elle a le mérite d'effacer les frontières de tous types car grâce à elle, la différence de genre disparaît. C'est par l'oralité que les femmes et les hommes peuvent échanger d'idées à idées. Par l'oralité, le primogéniture voit ses effets se réduire comme peau de chagrin car l'adulte et l'enfant peuvent parler ensemble. Et si l'étranger est porteur d'un message pour l'autochtone, c'est l'oralité qui facilitera le contact entre l'étranger et l'autochtone. Bref, sans l'oralité, la société africaine perdrait de sa spécificité qui repose sur la densité des échanges communautaires. Autant dire que l'oralité est parmi les instruments qui forgent le ciment social dans la société africaine.

En tant que support de conservation et de transmission de la mémoire collective, l'oralité permet de perpétuer la mémoire collective d'âge en âge. Les codes sociaux sont transmis par les anciens à la jeunesse de façon orale. Et, à son tour, cette jeunesse a charge de communiquer oralement l'enseignement qu'elle a reçue auprès des anciens. Autant dire que l'oralité est incontournable dans la société africaine.

Il est important de souligner que cette double fonction de l'oralité dans la société africaine présente un réel intérêt pour les civilisations africaines. En effet, étant donné que les civilisations négro-africaines ne sont pas écrites, c'est dans la pratique quotidienne qu'elles sont exprimées. Ainsi, ces civilisations multiséculaires que l'on rend compte dans le pragmatisme vont bénéficier de l'impact de l'oralité pour être vivantes.
Ces civilisations anciennes qui s'offrent spontanément par le vécu quotidien des agents sociaux se déploient en dehors de toute dogmatique. C'est pour cela qu'à l'opposé des civilisations occidentales qui reposent sur l'écriture, enrichie par les axiomes, les catégories, les concepts, les théorèmes, les théories...etc., les civilisations africaines quant à elles, reposent sur l'oralité caractérisée par les adages, les charades, les contes, les dictons, les légendes, les mythes, les proverbes...etc.
Par l'emploi des adages, des dictons, des proverbes, les anciens visent trois objectifs :
- D'abord, lorsque les anciens emploient des adages, des dictons, des proverbes, c'est

qu'ils entendent exclure de probables étrangers présent au cours d'une discussion présent des caractères politiques, stratégiques.

- Ensuite, lorsque les adultes emploient des adages, des dictons, des proverbes au cours d'une discussion, c'est qu'ils souhaitent en exclure les enfants présents selon que cette discussion présente un caractère sexuel ou alors un caractère dangereux pour l'équilibre psychique et psychologique des enfants.

- Enfin,les enfants peuvent avoir recours aux adages, aux dictons et aux proverbes lorsqu'ils décident d'initier les enfants, la jeunesse au langage ésotérique, habituellement réservé aux initiés.

s'agissant des charades, des contes, des dictons, des légendes et des mythes, en général, ils sont destinés à l'enseignement des enfants. En général, ils sont assortis de moralité à leur conclusion. Cela veut dire que c'est l'enseignement à tirer pour la conduite dans la vie. A chaque réalité sociale correspond une panoplie de contes, de charades, de dictons, de légendes, de mythes de proverbes...
Ainsi, par exemple, selon que les anciens voudront enseigner la sexualité, l'éducation, la santé, (la maladie), la vie et la mort...etc., aux enfants, ils diront un conte, une légende, un mythe avec une conclusion (la moralité) qui indiquera la conduite à adopter si l'on se retrouvait par hasard devant une situation donnée.
Ce petit traité regroupe en huit chapitres, quelques adages, charades, dictons, pièges et dictons sur la la langue Môdjoukrou. Disons que ces huit chapitres ne sont pas le résultat exhaustif des paroles imagées de la langue Môdjoukrou. Loin de là ! Ils ne sont qu'une petite partie des connaissances de l'auteur sur cette langue africaine ancienne.

Au sein de chacun des huit chapitres, on a une classification par thème des différentes citations. Pourquoi une classification par thème des citations ?
La classification par thème est une méthodologie adoptée délibérément par l'auteur, en vue de faciliter non seulement la lecture, mais aussi la compréhension au lecteur.

CHAPITRE 1

LA SOCIÉTÉ

I)LA VIE HUMAINE

1. La terre, un scène de théâtre
Signification : La vie sur terre est pleine de rebondissements spectaculaires.

2. La vie, une perpétuelle combat
Signification : Il faut lutter pour vivre.

3. La vie, d'éternels soupirs
Signification : Les épreuves de la vie sont interminables.

4. La vie, un berceau pour travailleurs
Signification : Seuls les travailleurs réussissent dans la vie.

5. Qui dit gourmand au banquet, dit fainéant et paresseux à la tâche.
Signification : En général, les fainéant et paresseux sont ceux qui sont très gourmands à table.

II)LA PRÉVOYANCE

6. Le poulet destiné au repas du lendemain, il faut l'enfermer dans un piège dès la veille
Signification : Pour être de réussir un projet, il faut toujours le préparer d'avance.

7. Qui prépare la saison des pluies, cultive pendant la saison sèche.
Signification : C'est à la saison sèche que l'on cultive les vitailles de la saison des pluies.

III)L'EXPÉRIENCE

8. L'expérience vécue est préférable à une fortune
Signification : « Un homme averti, en vaut deux ».

9. Il faut être allé sous un arbre, pour voir où il oriente son ombre.
Signification : Pour mieux connaître une personne, il faut se faire proche de lui.

IV)COMMODITÉ DES SOLUTIONS

10. Avec tous types de fils, on peut lier le poisson.
Signification : Pour résoudre ses problèmes, il faut se contenter de toutes solutions pourvu qu'elles soient commodes.

11. On ne trie pas l'eau quand il s'agit d'éteindre le feu.
Signification : Tous les moyens sont bons pour fuir le dangereuse

V)L'IMPOSSIBLE

12. Si je savais signe l'irréversibilité
Signification : « Si je savais n'a pas de queue »

13. L'eau tombée à terre ne se ramasse pas
Signification : Certains dégâts sont irréparables

14. Le plein déversé ne se remplit plus jamais
Signification : Après déception, rien n'est plus comme avant.

VI)EXCENTRICITÉ

15. Ramener un génie au village
Signification : Surprendre par son anticonformisme et son excentricité. Susciter des moqueries.

16. La honte n'a pas pour résidence le village mais bien la brousse. Il faut se rendre à la brousse pour la ramener au village.
Signification : Pour se rendre coupable d'actes socialement répréhensibles, il faut le vouloir.

VII)LA PROFONDEUR DE L'ÊTRE HUMAIN

17. L'humain, un labyrinthe
signification : on ne finit pas de découvrir le prochain

18. L'intimité de l'humain, c'est la forêt dense
Signification : Il est difficile de savoir ce que pense réellement une personne.

VIII)LE PEUPLE

19. La voix du peuple, c'est la voix de Dieu
Signification : Ce que le peuple dit est vérité absolue.

20. On n'engage pas le bras de fer avec le peuple
Signification : Quoiqu'il arrive, le peuple détient toujours le dernier mot.

IX)L'IGNORANCE

21. L'ignorance est mère des errements
Signification : Victime d'ignorance, on tourne en rond.

X)LE TRAVAIL

22. Le seul vrai ami, c'est le travail.
Signification : Le travail nourrit son homme.

XI)JUSTICE ET VÉRITÉ

23. Onction divine, onction au kaolin blanc. On humaine, onction au charbon noir.
Signification : La justice de Dieu est parfaite. La justice humaine est imparfaite.

24. Le messager n'a point de dette à payer.
Signification : Le commettant pour le compte d'un préposé est civilement et pénalement irresponsable.

25.On ne ravit pas de force au féticheur, son sac.
Signification : Le droit de propriété est inviolable.

26. Toute connaissance humaine (science) a des limites.
Signification : Il y a une exception à chaque règle.

27. Les bonnes sauces ne demeurent pas longtemps dans une écuelle
Signification : En général, les bonnes personnes ont une vie courte.

28. La dernière goutte d'urine retombe toujours entre les jambes de celui qui urine.
Signification : Tout finit par se payer.

29. Si vous voulez connaître la vérité prêtez l'oreille à ce que dit le fou du quartier.
Signification : Il ne faut pas minimiser certaines informations.

XII)L'ARGENT

30. L'argent, ce sont les poils du nez
Signification : L'argent est rare.

31. Ceux qui ont l'argent, on les appelle Ôtch
Traduction : Les riches sont désignés par des qualificatifs spécifiques les distinguant des pauvres.

32. Prêter de l'argent à l'insolvable, c'est jeter dans les tréfonds des océans
Signification : Prêter de l'argent à un insolvable, c'est choisir de ne plus retrouver son bien.

33. L'argent sépare les meilleurs amis
Traduction : L'argent est une source de discord,e, il détruit les liens d'amitié, y compris chez les meilleurs amis.

XIII)L'INSOLVABILITÉ DES DETTES

34. *Promesse de remboursement du surendetté, dette impayée*
Signification : Il n'y a rien à attendre des promesses d'un surendetté.

***35.* Prêt à l'insolvable, cadeau offert.**
Signification : Il ne faut jamais rien attendre d'un insolvable.

XIV)QUI SE MÊLE DE TOUT

36. Le lièvre que l'on retrouve dans tous les contes.
Signification : Se dit d'une personne omniprésente en tout, partout et pour tout.

37. L'herbe qui pousse sur tout sol.
Signification : Une personne qu'on retrouve dans toutes les scènes

XV)L'ÉTRANGER, LES VOYAGES

38. L'étranger a de grands yeux
Signification : L'étranger se laisse impressionner par tout ce qu'il découvre.

39. On ne se rend pas dans le village étranger pour égorger un poulet.
Signification : Éviter de déclencher des hostilités, ne pas adopter des comportement inciviques et belliqueux en terre étrangère.

40. C'est du pays lointain que l'on ramène les trésors rares du bonheur
Signification : Les aventuriers et les voyageurs font les plus grandes découvertes.

XVI)LA PAROLE

41. Quand on utilise sa langue à l'excès, il faut avoir des bras solides.
Signification : Celle ou celui qui déclenche les hostilités doit avoir la force physique.

42. La parole n'a pas de pieds, et pourtant, elle marche.
Signification : Le colportage, les ragots.

43. A l'Aristocrate l'éloquence, au Prolétaire l'insolence.
Signification : Le discours du noble est respectueux de l'autre. Le discours du roturier est injurieux.

XVII)L'IMPRÉVU

44. Toute circonstance avance et recule.
Signification : Se dit du changement de situation

CHAPITRE 2

LES SENTIMENTS

I)SAVOIR MÉNAGER LES SUSCEPTIBILITÉS

45. A côté d'une cicatrice, on ne fait pas de scarification
Il faut éviter tout ce qui rappelle les blessures du passées (ne pas remuer le couteau dans la plaie).

46. On ne met pas le doigt à l'œil.
Signification : Il ne faut jamais jouer avec la sensibilité des autres.

47. La sagesse du lion n'est pas la sagesse de la panthère.
Signification : La connaissance n'est pas absolue, elle est relative.

II)LA MAÎTRISE DE SOI

48. On peut avoir du sang dans la bouche et cracher de la salive
Signification : La maîtrise de soi vaut même devant les situations de légitimes défense.

III)COLÈRE, RANCŒUR, VENGEANCE

49. Le chat dit que c'est le ventre chargé de projets qu'il assiste aux passage de la souris.
Signification : La vengeance est un repas qui se mange froid.

50. Tout le monde a des poils aux jambes.
Signification : Chaque personne a de nombreux liens de parenté. Ainsi, avant de se venger de son bourreau, il faut toujours penser au futur car demain, le fautif d'aujourd'hui peut se retrouver à la place de la victime à venger.

51. La colère fait basculer l'être humain dans le règne animal. La sérénité l'intègre dans le genre humain.
Signification : La colère inspire des actes inhumaines. La sérénité, des actes humains.

CHAPITRE 3

LES RAPPORTS SOCIAUX

I)LES RELATIONS AMOUREUSES

52. Le chagrin d'amour n'est pas sanguinolent.
Signification : La souffrance née de la rupture amoureuse ne fait pas saigner

53. Ne te précipites pas pour dresser le lit tant que la femme n'a pas dit oui à tes avances
Signification : Ne pas vendre la peau du loup avant de l'avoir tué

54. Elle/il cuit du manioc au feu.
Signification : Se dit d'une personne régulièrement mariée qui entretient une double vie .

55. Les vieilles braises sont facilement inflammables
Signification : Les vieux amants renouent très vite.

II)LE MARIAGE

56. La vie matrimoniale (le mariage), c'est l'alternance entre la manducation des plantes amères et le goûter du sel.
Signification : Vivre dans les liens du mariage se conjuguent entre tristesse et bonheur

57. Sous l'emprise de la misère et du mauvais sort, le mariage avec le devin devint inéluctable
Signification : Harcelé par le sort, on devient inévitablement la proie du diseurs de bonnes aventures.

III)LA FAMILLE

58. Ce qui t'appartient t'appartient. Ce qui est à toi est à toi. Tu ne le jetteras point.
Signification : Le lien de parenté est le lien de parenté. On ne s'en défait point.

59. On ne se débarrasse pas de ses tripes pour les remplacer par de la broussaille.
Signification : Nul ne peut remplacer ses proches parents par des personnes étrangères.

60. Lorsque tu portes un vase fragile sur la tête, tu t'interdis toutes turbulences
Signification : Un parent qui tient à ses enfants évite les conflits

61. Pour capturer la vache, il faut capturer au préalable le veau
Signification : L'amour parental est si fort qu'un parent peut accepter de mourir à la place de son enfant.

62. Van usagé d'autrui ne s'entretient pas.
Signification : L'enfant qu'on prend soin d'élever reconnaîtra toujours ses parents biologiques.

63. Dents d'en haut et dents d'en bas viennent toutes du même endroit : la bouche
Signification : Les sœurs et frères d'une même fratrie sont inséparables.

64. Certaines personnes sont comme de l'huile dans les yeux. Elles brouillent la vue et empêchent la vision.
Signification : Parfois, une personne vous cause des dégâts et mérite une sanction adéquate. Mais, vous avez des liens forts d'amitié avec un parent du coupable. Rien qu'en passant à ce parent du coupable et aux liens qui vous unissent, vous renoncez à la sanction.

65. Tu frappes à l'œil et c'est le nez qui laisse échapper de la morve.
Signification : Expression utilisée pour désigner le dommage collatéral.

66. Si l'on peut perdre les cheveux avec lesquels l'on naît, ce ne sont certainement pas les dents que l'on pousse sur terre que l'on ne perdra pas.
Signification : Si on peut se fâcher avec des sœurs et frères biologiques, ce n'est pas avec des amis qu'on ne se fâchera pas.

67. L'extérieur ne récupère que ce que l'intérieur lui a livré
Signification : Tel vous êtes traité dans votre famille biologique, tel les autres vous traiteront.

68. Une fumée s'échappant par le toit d'une maison depuis un feu allumé à l'intérieur de cette maison n'embrase pas ladite maison.
Signification : Les querelles familiales n'emportent jamais la famille.

69. Il vaut mieux être borgne qu'aveugle
Signification : Il est préférable d'être orphelin d'un parent qu'orphelin des deux parents. / Peu vaut mieux que rien.

70. Grande famille, siège confortable.
Signification : Une famille élargie est source d'assurance.

IV)RAPPORTS ENTRE ADULTES ET ENFANTS

*71. **Ce que le vieux voit assis, le jeune ne le voit pas debout.***
Signification : « Si Jeunesse savait, si vieillesse pouvait »

*72. **Bravades, injures et menaces d'agressions physiques d'enfant, piège pour l'adulte.***
Signification : L'adulte ne doit jamais répondre aux provocations d'hostilités de l'enfant car le rapport de force entre un adulte et un enfant est disproportionné.

*73. **Devant le coup d'épée d'un enfant, la non-réplique s'impose à l'adulte.***
Signification : Un adulte ne doit jamais répondre à l'agression d'un enfant.

*74. **Le chien ne consomme jamais les excréments d'un adulte.***
Signification : L'expérience du vieillard l'emporte toujours sur la naïveté juvénile.

*75. **L'arbre sec peut rester debout, tandis que l'arbre frais tombe.***
Signification : Des jeunes meurent, tandis que des vieux vivent.

V)RAPPORT DE GENRES

*76. **Éduquer une femme c'est éduquer un village.***
Signification : Une femme éduquée, ce sont ses enfants qui naîtront qui le seront.

77. ***Le vieillard qui pleure n'est pas une femme qui chante des berceuses.***
Signification : Les pleurs d'un vieillards préfigurent le danger.

78. ***Une femme, un peuple***
Signification : Par une maternité nombreuse, une femme agrandit sa société.

79. ***Le son de tambour des mains d'une femme ne retentit pas bien loin.***
Signification : Les femmes sont une quantité négligeable.
(La rentabilité économique d'une femme est toujours maigre. Surtout en milieu agricole.)

80. ***Les femmes, stimulatrices de guerre, hostiles à la guerre.***
Signification : ***Les femmes suscitent les conflits, mais en même temps, elles ont peur de la guerre.***

81. ***La femme, c'est comme le charançon rouge du palmier. Tant qu'il y a du vin et de l'humidité, il est là.***
Signification : En général, les femmes n'aiment pas souffrir, elle préfère toujours le bonheur.

82. Combat de femmes, combat de coqs.
Signification : Les affrontements physiques entre les femmes sont moins violents.

83. combat d'hommes, lutte de fauves
Signification : Les affrontements physiques entre hommes sont trop violents.

84. Tête de femme, tête d'étourderie et de distraction.
Signification : Les femmes peuvent penser à plusieurs choses en même temps, d'où, elles sont distraites.

85. Tête d'homme, tête de concentration et de réflexion.
Signification : Les hommes sont rarement distraits.

86. Corps de femme, corps de sagesse.
Signification : En matière de sexualité, les femmes ont beaucoup de maîtrise de leur corps.

87. Corps d'homme, corps de folie.
Signification : En matière de sexualité, les hommes contrôlent difficilement leur corps.

88. La miction masculine est toujours orientée à l'avant. Tandis que la miction féminine est toujours orientée en arrière.
Signification : Les femmes commettent des maladresses qu'elles ne souhaitent pas forcément

89. Folle du village, femme de tous les hommes du village
Signification : La maladie mentale chez la femme entraîne la désinhibition sexuelle et l'exploitation sexuelle abusive de ses victimes.

VI)LA PUISSANCE

90 . Lutte à genoux, lutte des puissants
Signification : Seuls les puissants résistent aux situations critiques

91. Le puissant est son propre juge.
Signification : Un puissant ne se juge pas, il se fait justice lui-même.

92. Le puissant ne connaît point de tort
Signification : Le puissant a toujours raison.

93. Tu épouses le monarque, tu cuisines et organises les banquets, même pour tes adversaires.
Traduction : Selon ton statut social, tu es appelé à tout tolérer.

VII)LA SOLIDARITÉ

94. un seul doigt ne peut arracher le un poux sur la tête
Signification : Certains actes méritent la solidarité collective.

95. La main droite et la main gauche se lavent mutuellement
Signification : La solidarité engage réciproquement.

VIII)LA COHABITATION

96. Malgré de multiples accidents, la langue et les dents sont contraintes à la cohabitation
Signification : Des conflits récurrents n'empêchent pas le vivre ensemble.

IX)PROSPÉRITÉ ET RICHESSE

97. On ne ramasse pas le feu les mains vides
Signification : On ne s'impose pas aux riches dans la disette absolue.

98. Le riche lui aussi connaît les accidents de diarrhées
Signification : Même les riches peuvent être pris au dépourvu.

99. Très souvent, certains riches, c'est comme une arme factice.
Signification : De même que les armes factices effraient alors qu'elles ne possèdent pas de cartouches, certains riches impressionnent uniquement par leur renommée alors qu'en vrai, ils ne possèdent pas grande chose.

100. Une seule personne peut dépasser un peuple
Signification : Se dit de la puissance économique, d'une personne fortunée.

101. Qualité ne vaut qu'avec quantité.
Signification : La réussite sociale d'une personne, c'est la quantité et la qualité de sa parenté et celles de ses biens matériels.

102. Quand un arbre tombe tout le village est au courant alors que la forêt pousse en silence.

Signification : La mort d'un riche émeut beaucoup. La souffrance d'une multitude de pauvre n'interpelle personne.

103. Abandonner le fond de rivière pour aller chercher à étancher sa soif sur le rivage.
Signification : Ne pas savoir profiter de ses chances, ni de ses opportunités.

X)LA PAUVRETÉ

104. La pauvreté est orpheline, elle est sans famille
Signification : Les pauvres n'ont pas d'amis.

105. Pauvre n'a ni famille, ni amis.
Signification :La pauvreté rime avec la solitude.

106. La faim caractérise l'esclave, la satiété caractérise l'homme libre.
Signification : L'esclave a toujours faim. L'homme libre est toujours rassasié.

107. Ce n'est pas parce qu'on n'a pas de dents qu'on n'apprécie pas l'os.
Même pauvre, on peut reconnaître la richesse.

XI)LE CONFLIT

108. La parole déplacée, une arme de guerre
Signification : Un propos malveillant est potentiellement confligène.

109. Des machettes dans une même hotte ne méprisent pas du bruit
Signification : La cohabitation se nourrit de conflits à répétition.

110. Les querelles verbales, c'est forcément la dénonciation des cursus
Signification : Les querelles débouchent toujours sur les injures

111. La guerre des bouches cède la place à la guerre des mains.
Signification : Les querelles précèdent les affrontements physiques

112. Une trop longue ceinture est susceptible de ramasser des excréments
Signification : Trop d'amis, c'est parfois une cause de conflits.

113. Lutte à bras le corps, stratégie des rusés
Signification : Le combat physique est un ensemble de tactiques

XII)L'IMMOBILISME

114. Pratiquer la danse des sorciers : faire deux pas devant, deux pas derrière
Signification : La mauvaise foi ne mène nulle part si ce n'est tourner en rond.

XIII)LES INÉGALITÉS SOCIALES

115. Tous les doigts de la main n'ont pas la même longueur.
Signification : Inutile de se comparer aux autres car les inégalités sociales existeront toujours.

116. Les fruits mûrs d'un arbre ne tombent pas tous au même moment. Certains tombent au petit matin, d'autres dans la matinée, d'autres à la mi journée, d'autres en fin de journée, d'autres le soir, d'autres très tard dans la nuit.
Signification : La réussite sociale ne démarre pas en même temps pour tous. Chacun a son heure.

117. Une plante en étouffe une autre.
Signification : Il y a toujours un plus grand que soi.

118. L'œuf ne danse jamais avec le caillou.
Signification : Une plus faible ne brave jamais un plus fort.

119. Lorsque la providence vous en déverse dans le creux de la main, vous conservez tout. Lorsqu'elle vous en déverse sur le dos de la main, vous perdez tout.
Signification : La réussite sociale vient du destin. L'échec aussi vient du destin.

XIV)LE RESPECT DE LA HIÉRARCHIE SOCIALE

120. On ne dépasse pas les branches de palmes pour récolter les régimes de graines de palmes.
Signification : Il faut toujours respecter la hiérarchie sociale.

121. Quand la tête est là le genou ne porte pas le chapeau.
Signification : Il faut respecter la. Hiérarchie.

122. ***La poule connaît l'aube mais elle attend le chant du coq .***
Signification : A chacun son rôle.

XV)LA DECHEANCE SOCIALE

123. Emprunter les sentiers des faubourgs, plutôt que la voix publique du village.
Signification : Se dit des déchus sociaux, des marginaux.

CHAPITRE 4

LES MŒURS : VERTUS ET VICES

I)ARNAQUES, ESCROQUERIE

124. Posséder des pattes de poulets dans les mains
Signification : Se dit des personnes qui dilapident facilement l'argent. Mais aussi des escroquent qui extorquent tout aux autres.

125. Arnaques, escroqueries, vols, amis des cruels, ennemis des bienveillants
Signification : Les arnaques, l'escroquerie, les vols sont des faits de cruauté, jamais de la bienveillance.

126. La maison construite avec de la salive ne résiste pas à la rosée.
Signification : « bien mal acquis ne profite jamais. »

II)LE MANQUE DE CIVISME

127. Impoli et irrespectueux comme la mouche qui daigne se poser le monarque
Signification : Employé pour caractériser le manque de respect à outrance d'une personne.

128. Grossier, irrévérencieux et effronté comme la mouche qui s'invite à la table du monarque
Signification : Se dit des personnes grossiers et sans scrupules.

129. Elle/il a écrasé la mouche pour s'en frotter le visage
Signification : Effronté(e) à l'excès.

130. La maison construite avec de la salive ne résiste pas à la rosée.
Signification : « bien mal acquis ne profite jamais. »

III)LA GENEROSITE

131. La générosité, un acte de courage
Signification : Seul les courageux posent des actes de générosité.

IV)LA PRÉTENTION

132. Ce n'est pas en regardant le ciel qu'on devient grand.
Signification : Il ne suffit pas de rêver pour obtenir ce que l'on veut. Encore faut-il le réaliser.

133. Vouloir cueillir un fruit situé très haut que sa main n'atteint pas.
Signification : Convoiter ce qui n'est pas à portée de soi.

V)L'HYPOCRISIE

134. Comportement de musaraigne
Signification : Souffler le chaud et le froid

VI)LA PERVERSION

135. Même hors de l'eau il ne faut jamais insulter le crocodile
Signification : Un pervers reste un pervers. Et sa capacité de nuisance demeure entière même quand il est incarcéré.

VII)LE MANQUE DE CRÉDIBILITÉ

136. Fruit mûr, mais pas juteux
Signification : Personne physiquement attrayante, mais pas fiable ni crédible.

137. Un nouveau repas fermenté
Signification : Se dit d'une personne physiquement très beau mais de moralité douteuse.

138. Certaines personnes, ce sont des papayers
Signification : Faibles, lâches, peureux, sans crédibilité aucune

VIII)L'ABUS DE CONFIANCE

139. Flatteur ne rit jamais
Signification : Quiconque flatte, ne l'exprime pas par le rire

140. Voiler la face à une personne avec une branche d'arbre pour lui tuer la guêpe dans le dos
Signification : Distraire une personne avec un attrape-nigaud pour mieux l'arnaquer

IX)LA GOURMANDISE

***141.* Il peut manger un éléphant**
Signification : il est excessivement gourmand.

142. L'estomac humain, c'est une corne d'antilope.
Signification : Quelque soit l'intensité de la faim, on se rassasie vite à table.

143. Mange pour nettoyer le ventre, laisse le corps sale
Signification : Se dit des personnes préoccupées plus par la consommation alimentaire que par les vêtements (l'entretien de l'apparence physique).

X)PRUDENCE ET SAGESSE

144. Ne manges pas d'un plat indigestes.
Signification : ne cautionne pas le mensonge

145. Ne prends pas part au banquet des loups
Signification : Ne participe pas au conciliabule des comploteurs, cabaleurs, conspirateurs

146. Lorsqu'on est chargé de matières précieuses sur les épaules, il faut se garder des affrontements aux jets de pierres
Signification : Selon ses vulnérabilités, il faut éviter les hostilités

147. Gardes-toi de participer au bal des fous.
Signification : Répondre aux invectives d'un fou, c'est se placer à son niveau.

148. Le lépreux ne prend pas part aux danses populaires et aux mouvements de foule.
Signification : Quand on n'est pas exemplaire, il vaut mieux éviter de lancer des attaques aux autres.

XI) L'AVARICE

149. Étanche, imperméable, qui ne laisse échapper une seule goutte.
Signification : Expression désignant l'avare.

XII) TRAHISON ET TRAÎTRISE

150. Une mangrove qui a en même temps des racines dans l'eau, et d'autres en terre ferme.
Signification : Se dit d'un profiteur nébuleux, velléitaire, irrésolu, changeant, douteux, inconsistant, équivoque, qui mange à tous les râteliers, qui n'a pas un parti pris.

151.Qui découpe ici et là, et répand de tous côtés
Signification : Un opportuniste qui profite de toutes les situations

152. Dans une réunion de mouches, on peut y trouver des abeilles.
Signification : Quelque soit l'homogénéité d'un groupe, il y a toujours des traîtres infiltrés.

153. La machette à double tranchant.
Signification : Se dit des personnes imprévisibles, bipolaires, traîtres.

XIII)LE MENSONGE

154. Poches vides, bouche pleine
Signification : L'escroc sait convaincre par la parole

155. Paroles en cascade n'incarnent pas véracité
Signification : Le flot de discours ne détermine pas la vérité

156. Qui dit trop savoir, moins sait
Signification : La prétention à la connaissance n'est pas la connaissance

157. La lune avance lentement mais elle traverse la ville de part en part.
Signification : La vérité met du temps à surgir mais elle est irrévocable.

XIV)CRITIQUES ET DIFFAMATIONS

158. Les critiques, les dénigrements et les diffamations sont la nourriture du corps humain.
Signification : Enfin de compte, les critiques, les dénigrements, les diffamations sont nécessaires à la vie humaine.

159. Quiconque craint les critiques, les dénigrements et les diffamations doit alors se réfugier à la cime des arbres.
Signification : On ne peut vivre parmi les humains sans connaître les critiques, les dénigrements et les diffamations.

160. Confectionner à quelqu'un, une tunique trop ample pour le lui enfiler de force
Signification : Se dit des dénigrements, diffamations mensongers, infondés à l'endroit d'une personne.

161. Du poisson et des légumes qu'on mâche à souhaits
Signification : Se dit des boucs émissaires, des victimes de ragots et dénigrements récurrents

XV)QUI PRATIQUE L'AUTOJUSTIFICATION ET IGNORE SES PROPRES FAUTES

162. La bouche qui sait tout des autres, méconnaît tout d'elle.
Signification : Celles et ceux qui critiquent les autres s'ignorent en général.

163. Pendant que tu t'acharnes à me vilipender, entends-tu et vois-tu ceux qui s'acharnent à te vilipender ?
Signification : A chacun son bourreau

164. On ne sent jamais la puanteur de sa propre merde.
Signification : Nul ne voit ses propres défauts.

165. Qui aime se laver en permanence.
Signification : Se dit des personnes qui s'apprécient et s'envoient des fleurs régulièrement.

166. La main vous pourrit, plutôt que de la soigner, vous la dissimulez
Signification : Se dit des personnes qui distraient les autres en camouflant leurs difficultés existentielles.

XVI)LE VOLEUR

167. Il capture les hommes les mains nues.
Signification : Se dit du voleur, de la voleuse

XVII)LA CONTRADICTION

168. Être en même temps batteur de tam-tam et danseur.
Traduction : S'empêtrer dans des contradictions sans fin.

XVIII)LES INJURES QUI VOUS REJAILLISSENT DESSUS

169. A celui qu vous mâche les aliments, vous ne direz jamais : « mauvaise haleine ! »
Signification : Lorsque vous dépendez de quelqu'un, prenez garde à conserver sa faveur.

170. A votre partenaire sexuel(le) habituel(le), vous ne direz jamais : «gros sexe ! »
Signification : L'injure que vous faites à des parents proches vous retombent toujours dessus.

XIX)LE MENSONGE

171. Le mensonge ne perce pas la joue
Signification : Un menteur ne s'identifie pas facilement.

172. Tel est menteur, qui ment comme le polygame
Signification : Pour conserver leurs épouses, les polygames leur racontent n'importent quoi.

XX)DISCRÉTION ET INDISCRÉTION

173. Tel est le chat qui n'expose jamais ses selles
Signification : Se dit des personnes discrètes et pudiques à l'excès

174. Un ventre-tombeau qui enterre tout.
Signification : Se dit des personnes excessivement discrètes.

175. Certains ventres sont des passoires. Rien ne peut y dormir.
Signification : Se dit des indiscrets, de ceux qui ne savent pas garder un secret.

177. Les selles te surprennent, reste assis.
Signification : Devant les indiscrets, il ne faut pas étaler ses faiblesses.

178. L'herbe ne pousse jamais sur la route où tout le monde passe.
Signification : Savoir garder un secret.

XXI)LE COURAGE ET LA PERSÉVÉRANCE

179. Celui qui ne craint pas les abeilles mange le miel.
Signification : Seuls les courageux ont droit aux fruits de leurs efforts.

180. Le chemin parsemé d'obstacle est celui qui mène à la grandeur.
Signification : La réussite passe par les épreuves.

181. A force de persévérance et de courage la petite fourmi finit par arriver au sommet de la montagne.
Signification : Seule la patience paie.

XXII)LA LÂCHETÉ

182. Lâche comme la vulve qui prend pour donner au vagin
Signification : Se dit des personnes lâches et irresponsables qui n'assument rien si ce n'est dépendre des autres en tout, et s'engager pour le compte des autres. Cet adage les compare à la vulve qui entraîne l'érection alors que c'est le vagin qui est l'organe de la copulation.

XXIII)QUI MANQUE A SES PROMESSES

183. Il te promet de l'huile, mets immédiatement les graines de palme au feu.
Signification : Se dit des personnes qui ne tiennent pas leurs promesses

XXIV)L'EMPRESSEMENT

184. Trop pressé, on finit par cueillir des fruits verts
Signification : Quand on agit dans l'empressement, on rate ses objectifs.

185. Pressant comme la diarrhée de minuit
Signification : Se dit des personnes impatientes.

XXV)INGRATITUDE

186. Ingrat comme les menstrues qui ne reconnaissent pas les dessous (culottes) de luxe.
Signification : Un ingrat ne reconnaît rien, même pas la valeur de ce qu'il a reçu d'autrui.

187. Les montagnes ne se croisent jamais ; les hommes si.
Signification : Quoiqu'il arrive, on se rencontrera un jour.

188. Entretenir la mer et ne pas profiter des fruits de mer
Signification : Se dit des personnes ayant contribué largement à la réussite d'un projet sans pouvoir en bénéficier des fruits parce que victimes d'ingratitude.

XXVI)ON NE PEUT PAS ÉCOUTER TOUT LE MONDE

189. A vouloir écouter tout le monde, on se laisse enseigner par ses propres esclaves.
Signification : A force de vouloir tout écouter et tout prendre en compte, on finit par s'égarer.

190. L'oreille est dépourvue d'une fermeture. Elle n'a pas de porte.
Signification : L'oreille entend tout. Même ce dont elle ne veut point entendre

XXVII)L'INFORTUNE

191. Le moineau dit que s'il piaille sans cesse, c'est parce qu'il est mal abrité.
Signification : Nul ne se plaint au hasard.

192. C'est la pénurie qui pousse la souris à monter sur les haies.
Signification : Le manque pousse parfois à des comportements dangereux et irrationnels.

193. En proie au désespoir, on épouse inéluctablement avec le devin.
Signification : Devant certaines difficultés, on est prêt à accepter n'importe quelle solution même les plus mauvaises.

CHAPITRE 5

LA DISGRÂCE

I)LA SOUFFRANCE

194. Vraie souffrance, silence absolue.
Le vrai souffrant ne fait pas de bruit.

II)LA MALCHANCE

195. Aller cultiver sur un sol aride, infertile
Traduction : Être extrêmement malchanceux

III)LA MORT

196. Une chose, moitié d'une chose.
Signification : Compter sur une seule personne ou une seule chose inscrit dans la précarité.

197. La mort n'a pas d'heure
Signification : A tout moment, on peut mourir.

198. Lorsque la mort survient dans une famille, elle échange son boulevard contre un sentier.
Signification : Expression utilisée pour dire que la mort cause un grand désordre dans la vie des personnes et des familles.

199. La mort, c'est une marchandise maritime qui accoste à tous les ports.
Signification : Toute vie est appelée disparaître.

200. La mort est une chemise que tout le monde va porter un jour.
Signification : La mort n'épargne personne.

201. La mort n'admet pas d'hypothèque. La mort ignore l'hypothèque.
Signification : Quelque soit sa fortune, nul ne peut se protéger de la mort.

202. Un otage disputé entre terre rouge et terre blanche
Signification : Se dit d'un patient luttant entre la vie et la mortification

203. Les vieux ont le regard tourné vers la sortie du village. Les jeunes quant à eux ont leur regard fixé sur l'entrée du village.
Signification : Les vieux attendent la mort. Les jeunes rentrent dans la vie.

204. Les vieux ont le regard tourné vers la sortie du village. Les jeunes quant à eux ont leur regard fixé sur l'entrée du village.
Signification : Les vieux attendent la mort. Les jeunes rentrent dans la vie.

205. La mort étant l'avenir le plus sûr de l'homme, une personne qui se suicide n'apporte aucune innovation si ce n'est démontrer sa stupidité.
Signification : On ne sait pas que l'avenir nous réserve mais on sait une chose, c'est qu'on finira par mourir un jour. A quoi bon se suicider ? A rien.

206. Impitoyable comme la mort qui endeuille tout le monde y compris les enfants.
Signification : Expression utilisée pour caractériser la cruauté extrême d'une personne

IV)ISOLEMENT SOCIAL ET SOLITUDE

207. La solitude rend songeur
Signification : L'isolement aggrave les soucis.

208. Isolement social dépasse pauvreté matérielle
Signification : La tristesse du fait de la solitude est bien plus grave que la pauvreté matérielle.

CHAPITRE 6

ENVIRONNEMENT, TEMPS, FAUNE, FLORE

I)LA DISTANCE GÉOGRAPHIQUE

209. On reste par delà les barrières pour se serrer les mains
Signification : Expression désignant l'impact négatif de la distance géographique sur les interactions sociales.

II)LE TEMPS

210. Jour qui passe, passe.
Signification : Le temps est irréversible.

211. Le lever du jour n'a pas de fin, c'est un éternel recommencement
Signification : Le mal se paie toujours.

212. Il pleut, il fait soleil, la lionne fait bat dans la savane.
Adage des jours où il pleut en même temps que le soleil brille au ciel

213. L'avenir ne fait pas de confidences et n'a pas de confident
Signification : Nul ne connaît l'avenir

III)L'HYDROGRAPHIE

214. Les océans n'ont ni bras ni mains, et pourtant, ils prennent les êtres humains.
Signification : L'on peut se noyer dans les océans qui pourtant, ne possèdent pas d'organes ni support manuel ni instruments pour capter les objets.

215. La mer qui rejette tout, et ne conserve rien.
Se dit des personnes associables.

IV)MÉTAPHORES ANIMALIÈRES

217. un seul bœuf peut porter l'eau qui abreuve tout un bétail.
Signification : Le salut vient parfois par un seul membre du groupe.

218. Vous ne pouvez pas détester un poisson et manger de sa sauce
Signification : On ne peut pas haïr une personne et tirer profit d'elle.

219. Le mioche, petit du singe et de la guenon n'a pas la terre pour voie de circulation.
Signification : L'équivalent de l'adage français : « tel père, tel fils »

220. Le chien qui a hérité de la gueule n'héritera plus jamais de sa patte
Signification : L'habitude est une seconde nature.

221. Le chien Ne donne pas vie au chat
Signification : La transmission héréditaire

222. On ne peut pas se débarrasser des fourmis en restant au milieu des fourmis
Signification : Avant d'avoir de nouveaux projets, il faut résoudre d'abord ses difficultés présentes.

223. Fuir les fourmis pour se retrouver dans un essaim d'abeilles
Signification : En voulant se protéger d'une situation mineure, on finit parfois par se retrouver dans une situation bien plus dangereuse.

224. Une fourmilière ne désemplit jamais
Signification : Une famille nombreuse ne s'extermine pas.

225. Les termites disent qu'elles ne badinent pas avec leur morceau de bois
Signification : Tout ce qui est essentiel, nécessaire et vital n'est pas négociable

226. Lorsqu'on a été mordu par le serpent, on craint même le ver de terre.
Signification : Quiconque a été fortement éprouvé craint la moindre épreuve.

227. Le lionceau qui a tété aux mamelles de la lionne ne se laisse pas impressionner par les griffes de la lionne.
Signification : La familiarité engendre la banalisation et souvent même le mépris.

228. Il faut de la banane douce pour capturer le chimpanzé
Signification : Devant un plus fort que soi, il faut toujours de l'humilité.

229. On ne peut pas cuire deux têtes de bœuf dans une même marmite
Signification : Pour régler plusieurs problèmes, il faut commencer à le faire un par un.

230. A leur mort, les os des oiseaux ne restent pas suspendus aux arbres, ils tombent toujours par terre.
Signification : On finit toujours par retourner vers ses origines.

231. Une cachette n'est pas l'intérieur du ventre du lion.
Signification : Tout est accessible dans la société humaine.

CHAPITRE 7

DIVERS

232 .Le sel n'a pas d'importance quand on a besoin de sucre.
Signification : On profite d'une personne jusqu'au jour où on trouvera mieux que lui.

233. Souvent, même quand le feu ne te brûle pas, la fumée te noircit.

Signification : Se dit des attaques, haines et diffamations gratuites.

234. Dans la vie, quand ton eau est chaude, il faut te laver en même temps.
Signification : Il faut savoir saisir les opportunités qui se présentent à vous.

235. Ce n'est pas parce que les mains sont en haut, qu'il faut penser qu'elles commandent les pieds.
Signification : Votre grande taille ne détermine pas votre statut social.

236. Si tu entends un coup de feu, c'est que tu n'es pas avisé.
Signification : Quiconque se laisse surprendre par un complot ne fait pas partie des conspirateurs

237. Un enfant peut jouer avec les seins de sa mère. Jamais avec les testicules de son père.
Signification : Les enfants craignent plus leur père que leur mère.

238. Le poulailler est puant mais c'est le palais royal du coq.
Signification : Toute maison, quelque soit son état de délabrement fait la fierté de ses habitants, de ses propriétaires.

239. Il est difficile de réveiller quelqu'un qui ne dort pas.
Signification : Il n'y a rien à faire pour celle ou celui qui ne veut rien entendre.

240. Souvent, celui pour qui vous allez chercher de l'eau au marigot est celui-là qui dirige le caïman contre vous.
Signification : Très souvent, vos malheurs arrivent par celles et ceux que vous avez toujours aidés.

241. Le cri du sang est invincible, c'est le plus bruyant de tous les cris.
Traduction : La vengeance inspirée par le crime de sang est des plus terribles.

242. La force du sang n'est pas dissimulable.
Traduction : La ressemblance des enfants avec leurs géniteurs et les liens de consanguinité sont tangibles et indiscutables.

243. ***Dans la société humaine, chacun, chacune est l'échelle d'un autre.***
Traduction : On a toujours besoin du soutien d'un autre.

CHAPITRE 8

CHARADES ET PIÈGE

I) CHARADES

244. Souche des océans
Réponse : Le rempart de toute une communauté. La personne sur laquelle tout le monde compte pour vivre.

245. Riches par la parole
Réponse : Les vantards et menteurs

246. Bouche qui urine en permanence
Réponse : Le baratineur

247. bouche qui pratique la course
Réponse : Le bavard

248. Ventre noir d'ordures, de pourritures et d'immondices.
Réponse : La méchanceté extrême.

249. Il vient de passer.
Réponse : le vent

250. A voir ça, on dirait ça.
Réponse : à voir les feuilles du baobab, on dirait celles du pied de manioc.

251. Koto Kata Katakro
Réponse : Une femme enceinte, ne peut pas porter une autre femme enceinte au dos.

252. Il possède des pattes de poulets
Réponse : L'escroc

253. Usager des mains. N'agit que par les mains.
Réponse : Le voleur

254. Amnésique, tellement amnésique, qu'il ne faut jamais lui confier des commissions.
Réponse : Se dit d'une personne (femme ou homme) qui se néglige tellement qu'elle ne se préoccupe pas de ses soins corporels.

255. Quel est l'animal qui marche à quatre pattes le matin, marche debout sur deux pieds à midi, et marche à trois pieds le soir ?

Réponse : l'homme. Bébé, il se déplace à quatre pattes. Tout le long de sa vie, il marche debout, sur deux pieds. Au soir de sa vie, il marche appuyé sur une canne, en plus de ses deux pieds.

NB : cette charade justifie le droit d'aînesse dans la société Ôdjoukrou car dans la légende Ôdjoukrou d'où elle est tirée, il ressort que la jeunesse d'une société mythique avait décidé de se débarrasser de toutes ses personnes âgées qu'elle a donc massacrées. Dans le lot, un jeune avait pris le soin de cacher son grand-père très vieux, faisant croire qu'il l'a tué. Un jour vint, où, devant la menace d'une tragédie, il fallait dénouer une énigme. Seul parvint à le faire, le jeune ayant caché son vieux grand-père car ce dernier souffla la réponse de l'énigme à son petit-fils, lequel, échappa non seulement à la tragédie mais encore devient chef de sa collectivité. Moralité, il faut prendre soin de ses personnes âgées et les respecter. Cette légende rappelle étrangement le Sphinx de la mythologie grecque qui épargna Œdipe de la mort et facilita son accession au trône. Comme quoi, la centralité de l'être humain est indéniable.

II)LE PIÈGE

256. Envoyer un enfant à la recherche du bâton de la posture debout

Réponse : Lorsque dans une cour familiale ou dans une maison familiale, un enfant, au lieu de s'asseoir, reste debout pendant longtemps, pour y mettre fin, les adultes le font marcher en le piégeant. Ils envoient alors le gamin se promener dans le village, en lui demandant d'aller chercher « ***le bâton de la posture debout*** » chez un autre habitant que l'enfant connaît très bien. En fait, c'est un piège car il n'existe pas de « bâton de la posture debout ». Arrivé chez l'habitant du village en question, l'enfant lui dit qu'il est venu chercher le « bâton de la posture debout ». La personne sait immédiatement que c'est un enfant qui est resté debout pendant longtemps plutôt que s'asseoir. Il répond donc à l'enfant que « le bâton de la posture » debout se trouve chez un autre habitant du village dont il dit le nom. L'enfant s'y rend et s'entend répéter la même chose. Ainsi de suite, l'enfant va de porte à porte, à la recherche du « bâton de la stature debout » jusqu'à ce qu'il soit fatigué et retourne chez lui à la maison. Il arrive aussi qu'une personne lui souffle à l'oreille qu'il s'agit d'un piège. L'enfant arrête alors son périple et se rend chez lui. S'en suivent des rires. L'enfant tire la leçon et s'assoit.

CHAPITRE 9

LES CROYANCES

I)LE BONHEUR

257. La présence d'une menthe religieuse dans une maison veut dire qu'il y a une femme qui vient de tomber enceinte dans ladite maison.

258. L'apparition de l'arc en ciel après la pluie traduit la prospérité immédiate

259. Heurter un caillou de bon matin avec le pied droit augure d'une journée heureuse.

260. Les enfants qui naissent après des jumeaux sont des enfants de la chance. Ils ne connaissent jamais d'échec social et réussissent toujours, quoi qu'il arrive.

II)LE MALHEUR

261. Heurter un caillou de bon matin avec le pied gauche augure d'une journée malheureuse.

262. Lorsqu'un chat déserte une maison familiale, ceci est de mauvaise augure car cela signifie qu'un décès surviendra dans la maison.

263. Lorsque le chien pleure dans un quartier ou dans un village, il annonce un décès imminent.

264. L'apparition d'un serpent à deux têtes annonce un décès.

265. Celles et ceux qui meurent dans les noyades, incendies, accidents de circulations et diverses tragédies sont des victimes de guerre.

CONCLUSION

La mondialisation des culture et civilisations ne peut faire l'économie de certaines civilisations. Ainsi, toutes les nations du monde sans exception sont appelées à participer à ce processus qui se déploie dans une dynamique que rien ne freine.
Dans ce grand ensemble qui se met en place et qui ne laisse pas de place à l'absence d'une civilisation quelque soit sa taille et son importance, il était judicieux d'évoquer la langue Môdjoukrou, support de conservation et de transmission de la civilisation Ôdjoukrou, une civilisation négro-africaine.

La langue Môdjoukrou parlée sur le littoral ivoirien en basse côte atlantique possède un patrimoine linguistique fait d'adages, de charades, de dictons, de piège et de proverbes. Les civilisations Ôdjoukrou ? Ce sont aussi des croyances. Dans ce petit traité, de manière ramassée, succincte, et pas du tout exhaustive, l'on découvre à travers neuf chapitres et une classification thématique, cette langue, le Môdjoukrou. En même temps, on pénètre l'esprit de ce peuple Lôdjoukrou situé dans la région de Dabou, au sud d'Abidjan, la capitale économique de la république de Côte d'ivoire.

4ème Page de couverture

On entend souvent dire que l'Afrique noire est le continent de la parole. Cela se voit par la multiplicité des tournures stylistiques et des expressions dans les langues négro-africaines. Justement, ce petit traité concerne la langue Môdjoukrou, une langue parlée par le peuple Ôdjoukrou, situé dans la région de Dabou, sur la côte atlantique, en république de Côte d'ivoire.

Dans ce petit traité, l'auteure, Yéble Martine-Blanche OGA-POUPIN, elle-même d'origine Ôdjoukrou nous fait découvrir un patrimoine linguistique extraordinaire ignoré, à travers les adages, les dictons, les charades, les pièges et les proverbes de la langue Môdjoukrou. Il est utile de signaler que la pertinence de ce petit traité réside dans le fait l'auteure a parlé la langue Môdjoukrou de sa naissance à sa scolarisation. De ce fait, elle maîtrise cette langue qui était celle de ses parents, de ses grands-parents et celle du village de Kpass qui l'a vue naître, et, où, elle a passé son enfance et son adolescence.

Vu l'apport considérable que représente ce petit traité dans la sauvegarde de langues négro-africaines menacées d'une disparition certaine, on ne peut que dire que le jeu en valait vraiment la chandelle.

PRÉSENTATION DE L'AUTEURE

Yéble Martine-Blanche OGA-POUPIN est Essayiste. Diplômée de théologie, de sociologie, de santé publique, elle est aussi étudiante en Droit. Militante des droits de l'homme, précisément des droits de la femme et des droits de l'enfant, elle est fondatrice de trois associations qu'elle préside : l'Assofem, l'Upaceb et la Rehabvillaban France TRAM-HUM.

Table des matières

Printed by Books on Demand GmbH, Norderstedt / Germany